Uwe Klindworth

Milch kommt aus der Tüte und Jeans wachsen auf Feldern

Der große Sammelband über Dinge, die wir täglich brauchen

Hallo Hallo,
Blablabla!
usw. etc...
bla..

Uwe Klindworth

MILCH KOMMT AUS DER TÜTE UND JEANS WACHSEN AUF FELDERN

Der große Sammelband über Dinge, die wir täglich brauchen

Sauerländer

Inhalt

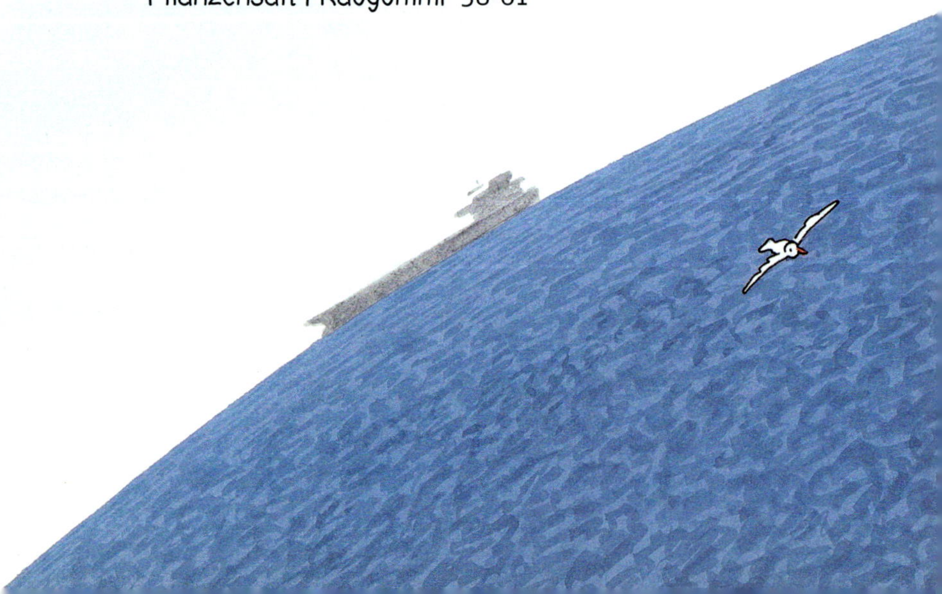

Milch kommt aus der Tüte und Jeans wachsen auf Feldern

**Wo war die Milch, bevor sie in die Tüte kam?
Und wachsen Jeans wirklich auf Feldern?
Wo kommt eigentlich unser Essen her und all die Dinge, die wir täglich brauchen?**

Die nächsten Seiten zeigen, wo die Dinge tatsächlich herkommen und was mit ihnen passiert, bis sie bei uns landen. Vieles, was wir täglich brauchen, hat nämlich schon allerhand hinter sich, bis es zu uns gelangt!

GRINGO BAR
BANANIA DOUANA
OFIS

ESST MEHR OBST
GROßMARKT
ZOO
FROST
SUPERMARKT
DIES UND DAS
FRUCHT-KONTOR
OBST+GEMÜSE
III
IV
BÜRO
BANANABAR

Bananen

wachsen in tropischem Klima, früher nur in Asien und Afrika, heute auch in Süd- und Mittelamerika und auf den Kanarischen Inseln. Sie werden auf großen Plantagen angebaut. An jeder Pflanze wachsen viele Bananen, aber immer alle zusammen in einem einzigen großen Bündel. Kurz bevor sie reif und gelb werden, ist Erntezeit.

Bananenbündel

Junges Bananenblatt

Die Bananenpflanze kann nur einmal Früchte tragen. Nach der Ernte wird sie abgehackt. Auf einer Feldbahn rollen die Bananenbündel zur Verladestation. Die Früchte werden gewaschen, gewogen und in Kartons verpackt.

Bananen sind sehr empfindliche Früchte und müssen im Kühlschiff transportiert werden, damit sie den weiten Weg zu uns gut überstehen. Die frisch eingetroffenen, noch grünen Bananen können nicht lange im Hafen liegen bleiben. Sie werden schnell gelb und dann braun und matschig. Deshalb müssen sie bald auf dem Großmarkt verkauft werden. Die Obstläden, die Markthändler und der Zoo holen sich hier frische Früchte. Rate mal, wozu der Zoo Bananen braucht?

Verschiedene Sorten von Bananen

Gelb und reif schmecken die meisten Bananensorten am allerbesten. Wie wäre es mit Bananenpfannkuchen, Bananentorte oder Bananeneis, dazu einen Bananensaft oder eine Bananenmilch? Man kann Bananen auch kochen, braten oder trocknen, aber am besten schmecken sie so, wie sie sind. Natürlich ohne Schale!

UNITED CACAO
BAR
ZOLL
DOUANA

Seglertreff
ZAHNARZT
SCHOKOTRUNK AG
RÖSTEREI
STRAND CAFE
KAKAOKONTOR
SCHOKOLADENFABRIK
HAFENKAPITÄN
BÜRO
UTE
CAFE
SCHUPPEN
STRANDCAFE
SCHOKO DEPOT
LUMUMBA-BAR
KAKAO-TRUNK

Kakao

stammt von einem Baum aus dem tropischen Regenwald. Normalerweise wachsen die Kakaobäume versteckt im Dschungel. Um die Ernte zu vereinfachen, pflanzt man die Kakaobäume in größeren Plantagen an. Die großen, gelben Früchte wachsen bei diesen Bäumen direkt am Stamm und an den größeren Ästen und werden ungefähr 25 cm groß. Wenn sie reif sind, werden sie vorsichtig abgeschnitten.

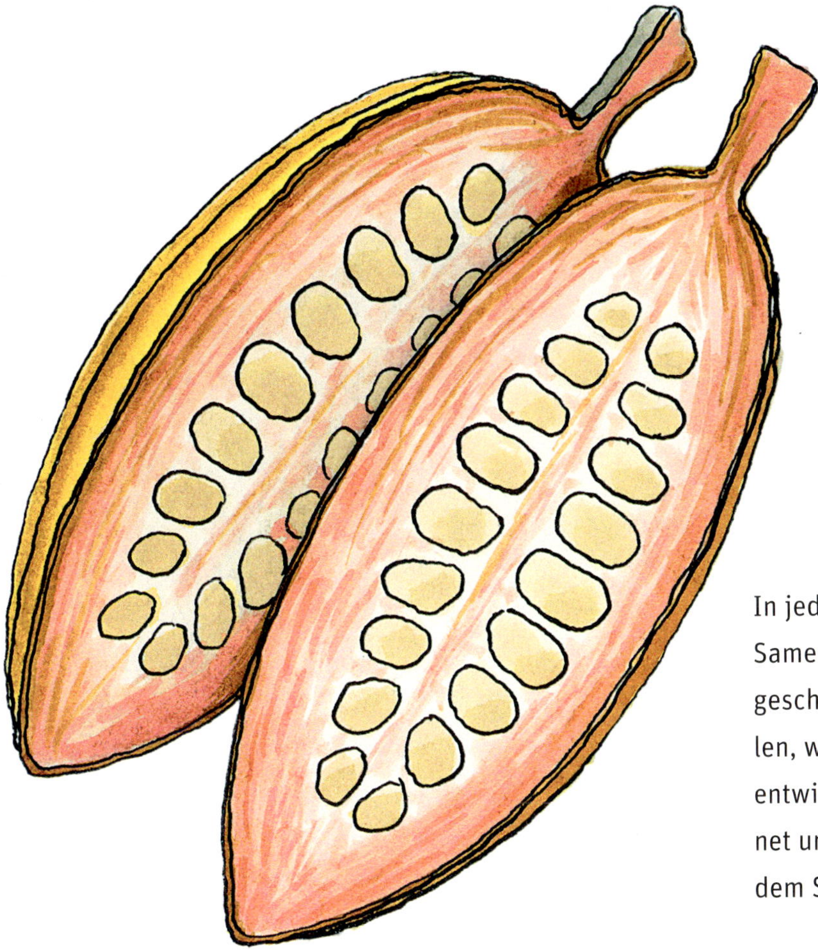

In jeder Frucht befinden sich mehrere bohnenförmige Samen. Um an sie heranzukommen, werden die Früchte geschält. Die Kakaobohnen müssen nun in einem dunklen, warmen Raum vier bis fünf Tage gären. Erst dadurch entwickelt sich ihr ganz spezielles Kakaoaroma. Getrocknet und in Säcke verpackt kommen sie als Rohkakao mit dem Schiff bei uns an.

In Fabriken werden die Bohnen weiterverarbeitet. Dort werden sie geschält, zerkleinert und geröstet. Diese Masse ergibt, mit Zucker, Milchpulver und Gewürzen gemischt, Schokolade. Oder man presst das Öl, die Kakaobutter, aus der Masse heraus und zermahlt sie zu Kakaopulver.

Aus Kakaobutter, Kakao und Schokolade lassen sich viele leckere Sachen herstellen. In Südamerika, woher die Kakaopflanzen stammen, haben die Menschen früher nicht nur Getränke aus Kakao gemacht. Sie haben auch mit Kakao bezahlt, so wie wir mit Geld!

HIER NEUE KARTOFFELN
PRIMA

FLACHLÄNDISCHE KARTOFFELCHIPSFABRIK
STÄRKE KG
Büro
KARTOFFEL-GROßHANDEL
RUCK-ZUCK KARTOFFELREIBEN
POMMES-PAULI
PAMPI
Purée
Chez Fritz
HEUTE
Pell-Kartoffeln
IMBISS
KARTOFFEL MARKT
HANSA
Kartoffel-stampfer nur:

Kartoffeln

wachsen unter der Erde als unterirdische Knollen der Kartoffelpflanze. Ursprünglich stammt die Pflanze aus Amerika. Bei uns wird die Kartoffel erst seit ungefähr 200 Jahren angebaut. Man pflanzt Kartoffeln in langen Reihen an. Im Herbst, wenn die Blätter vertrocknet sind, kann geerntet werden. Die Kartoffelrodemaschine gräbt die Pflanze mit dem Boden, auf dem sie gewachsen ist, aus und rüttelt alles kräftig durch. Die Erde und das welke Kraut fallen unten aus der Maschine heraus.

Die Kartoffeln werden nach oben befördert und purzeln auf ein Band. Dort wandern sie am Erntehelfer vorbei, der Steine und faulige Kartoffeln aussortiert. Die guten Kartoffeln werden in einem Behälter gesammelt und dann in Säcke oder auf einen Anhänger geschüttet. Bei manchen Bauern kann man die Kartoffeln direkt auf dem Hof kaufen. Die meisten werden aber im Großhandel verkauft. Lose oder in kleineren Säcken holen sich dort die Gemüsehändler, die Lebensmittelläden, Hotels und Restaurants ihre Kartoffeln ab.

Aus Kartoffeln lassen sich Stärke, Alkohol und viele andere wertvolle Rohstoffe herstellen. Der größte Teil wird jedoch aufgegessen: von Menschen und Tieren. Roh sind Kartoffeln für Menschen schwer genießbar. Deshalb werden sie gekocht und gebraten, zu Puffern, Knödeln und Rösti verarbeitet oder zu Brei gestampft. Aber am allerleckersten sind sie natürlich, wenn sie in Scheiben oder Stäbchen geschnitten werden und dann in heißem Öl gebacken. So werden nämlich Chips und Pommes frites gemacht!

MEHLMANNS MÜHLENBETRIEB
LANDHANDEL
KIOSK
FÄHRBÜRO
MEHL-MANN
30

Fähre
HAFERFLOCKEN
KUNO'S KEKSE
GETREIDE IM- & EXPORTE
KUNO'S KEKSE
KNÖDEL AG
NUDEL EXPRESS
NUDELFABRIK
HAIFISCHBAR
KONDITOREI
KUNO'S KEKSE
P
Der Müsliladen
HANDMÜHLEN
ZUR alten Mühle
Crêperie
BÄCKEREI
MEHL-MANN

Mehl

besteht aus fein gemahlenen Körnern, meistens von Gerste, Hafer, Weizen oder Roggen. Diese Getreidesorten werden auf großen Feldern angebaut. Sobald das Korn reif ist, wird es gemäht. Die Erntemaschine schneidet die Halme ab und transportiert sie ins Innere. Dort wird das Korn aus den Ähren geklopft und geschüttelt. Das Stroh fällt hinten aus der Maschine heraus. Wenn der Korntank des Mähdreschers voll ist, wird das Korn auf den Anhänger umgeladen.

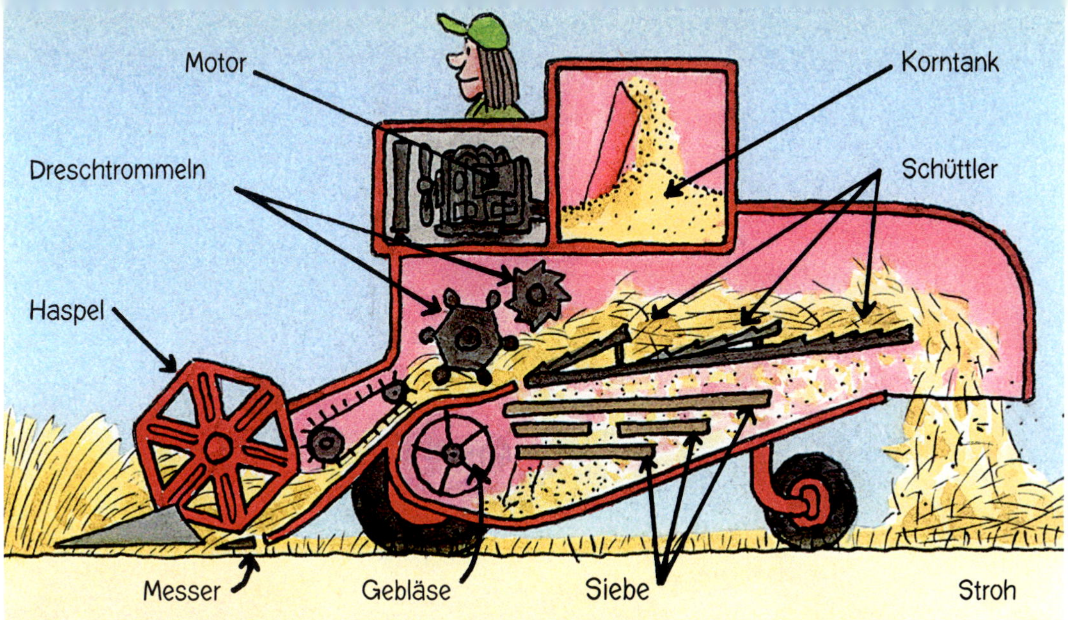

Handmühle

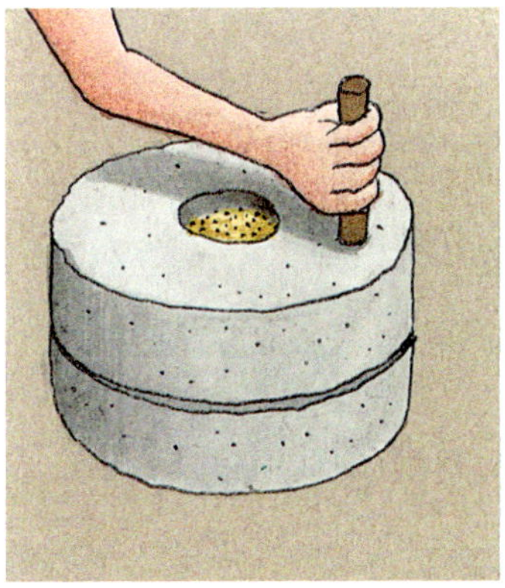

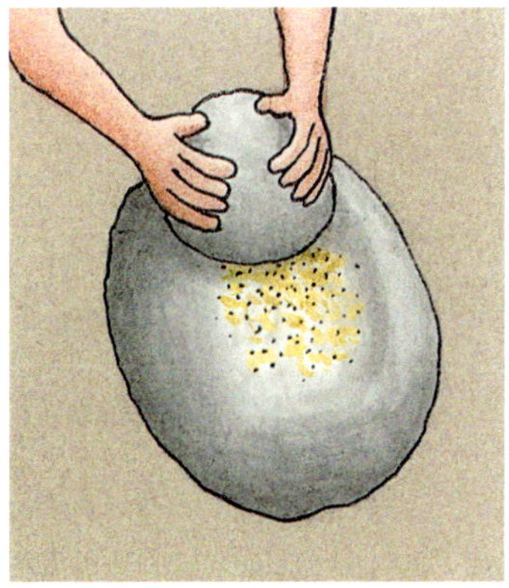

Mahlstein

Mit den Anhängern voller Korn fährt der Bauer zum Landhandel, wo es gewogen, getrocknet und gelagert wird. Gemahlen wird das Korn in der Mühle. Früher wurden die Mühlen oft mit Wind betrieben. Auch die Wasserkraft hat man genutzt. Heute drehen fast überall Elektromotoren die Mühlsteine, zwischen denen die Körner zerrieben werden. Das fertige Mehl wird gewogen und abgepackt.

Die Mühle stellt verschiedene Sorten von Mehl her: feines Mehl für Kuchen oder gröberes für Brot. Damit werden die Läden, Bäckereien und Konditoreien beliefert. Für unser tägliches Brot wird viel Mehl verbacken. Aber auch für Nudeln, Knödel, Soßen und Pfannkuchen braucht man Mehl. Immer nur Brot wäre schließlich auch langweilig ...

MOLKEREI
Milch
Milch
Milch

MILCH MACHT MUNTER!
MILCHSPEISEEISFABRIK DR. LECKER
MEIERS MILCHREIS
KAFFEESAHNE KG
MILCHPULVER GmbH
LAGER
LAGER
BARBIER
AKTION MILCH BART
KÄSESPEZIALITÄTEN
Milchmann
OST Milch WEST
KÄSE
SUPER MARKT SUPER
P
FRISCHE EXPRESS
BÄCK
MILCH-BRÖTCHEN
KIOSK
Eiscafe
SCHULE

Milch

entsteht im Euter der Kühe. Sie ist die Nahrung für die Kälbchen, solange sie klein sind. Die Kühe geben aber auch Milch, wenn die Kälber groß geworden sind oder die Kuh gerade kein Kalb hat. Diese Milch wird vom Bauern gemolken, meistens mit einer Melkmaschine. Es geht aber auch mit der Hand. Auf dem Bauernhof gibt es eine Milchküche. Hier wird die frisch gemolkene Milch durchgesiebt und abgekühlt. In großen Kannen wird sie an die Straße gestellt.

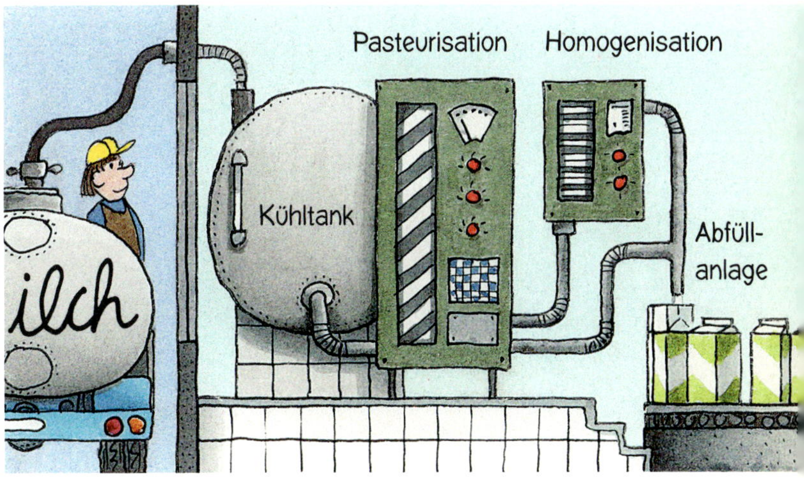

Täglich holt ein Tankwagen der Molkerei die Milch ab. In der Molkerei wird die Milch vieler Bauernhöfe gesammelt und weiterverarbeitet.

Mit Hilfe einiger raffinierter Verfahren macht man dort die Milch keimfrei und haltbar und füllt sie in Flaschen oder Tüten ab.

Ein Teil der Milch wird zu Butter und Sahne geschlagen. Auch Quark, Joghurt, Käse, Buttermilch und vieles mehr wird aus Milch hergestellt. Zu Milchpulver verarbeitet lässt sie sich lange lagern.

Milch ist sehr gesund, besonders wenn man noch wächst. Sie schmeckt prima so, wie sie ist, aber das Beste, was man aus Milch machen kann, ist Eis!

RICE
Cie
OFFICE
COCONUT BAR
RICE Cie
ASIASHIPPING
RIZ
REIS

NATURREISZENTRALE
MEIERS MILCHREIS
ONKEL TOMS KOCH-BEUTEL
INDONESISCHES RESTAURANT
SUPERMARKT
VEREINIGTE PUFFREISWERKE
GRILL
Puff-REIS
HAFENMEISTEREI
ZOLL
ZOLL
ASIA-IMPORT
Puff-REIS

Reis

ist eine Getreideart, die in kühlen, nördlichen Gegenden nicht wachsen kann. Die Reispflanze braucht das warme Wetter südlicher Länder. Es gibt viele verschiedene Reissorten, die häufigste ist der Wasserreis. Er braucht ständig »nasse Füße« und wird auf künstlich überschwemmten Feldern angebaut.
Vor der Ernte lässt man das Wasser ablaufen, damit man auf dem Reisfeld herumgehen und umherfahren kann. Die Reispflanzen sind jetzt reif und gelb. Die Halme werden abgeschnitten und die Reiskörner aus den Rispen geschlagen. Auf großen Feldern können Mähdrescher das alles automatisch erledigen.

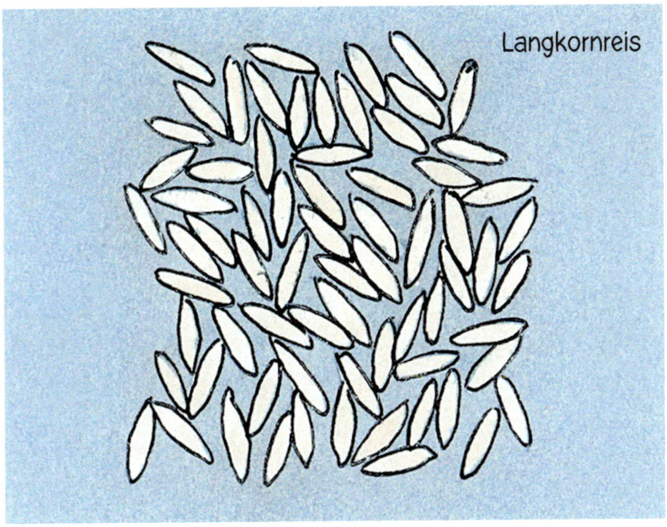

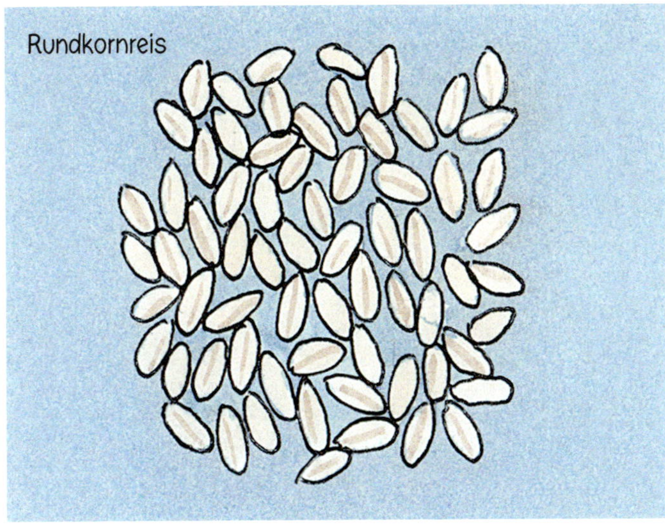

In einer Fabrik trocknen die Körner noch nach und man schält ihre äußere Schale ab. In Säcke verpackt wird der Reis gewogen und zum Transport in alle Welt auf Schiffe verladen. Am Bestimmungsort angekommen, landet der Reis in einer anderen Fabrik. Für den Verkauf kommen die Körner in kleinere Tüten oder werden in Kochbeutel abgefüllt. Man kann die Körner zu Puffreis verarbeiten oder Stärke aus ihnen gewinnen. Auch Schnaps und Bier kann man aus Reis machen. Aus dem Stroh lässt sich gutes Papier herstellen. Meistens kocht man den Reis in Wasser oder Milch, bis er weich ist. Viele Menschen auf der Welt, besonders in Gegenden, wo der Reis wächst, essen jeden Tag Reis – sogar zum Frühstück!

STEINSALZ KG
GLÜCK AUF
MEERSALZWERK
FLACHLÄNDISCHES MEERSALZWERK
BÜRO
P
BAD SALZBRUNNER SOLSALZ
BÜRO
DUSCHE

SALZ IN DIE SUPPE!
NÖRDLICHE STREUSALZZENTRALE
SALZGEBÄCKWERK
STEINSALZ KG
NIMM Super SEIFE
BÄCKER
FARBE
LACKE
LAGER III
KONTOR
SALZHERING
PRIMA LAUGENBREZELN
RESTAURANT
MENU Salz-
POMMES
BOLLES BESTES BADE-SALZ
30
BOLLES BESTES BADESALZ

Salz

ist eine Art wasserlösliches Gestein, das auf der Welt häufig vorkommt. Die Salzsteine werden wie Kohle oder Erz von Bergleuten im Salzbergwerk abgebaut, zerkleinert und in Wasser aufgelöst. Man kann Salz auch schon im Berg auflösen und herauspumpen.

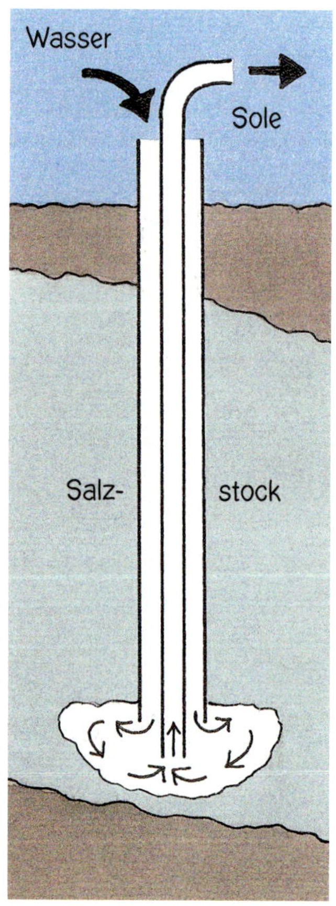

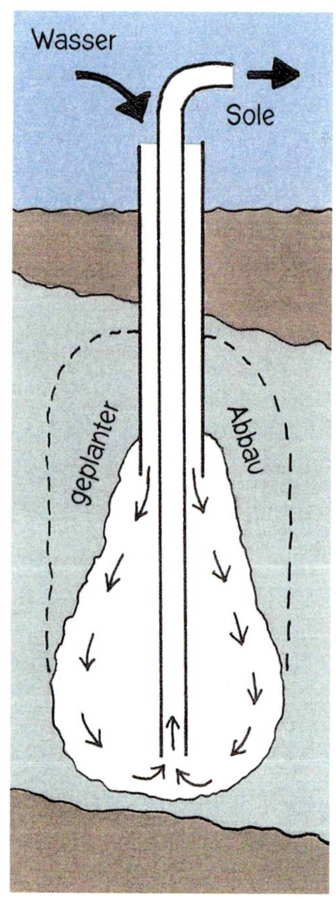

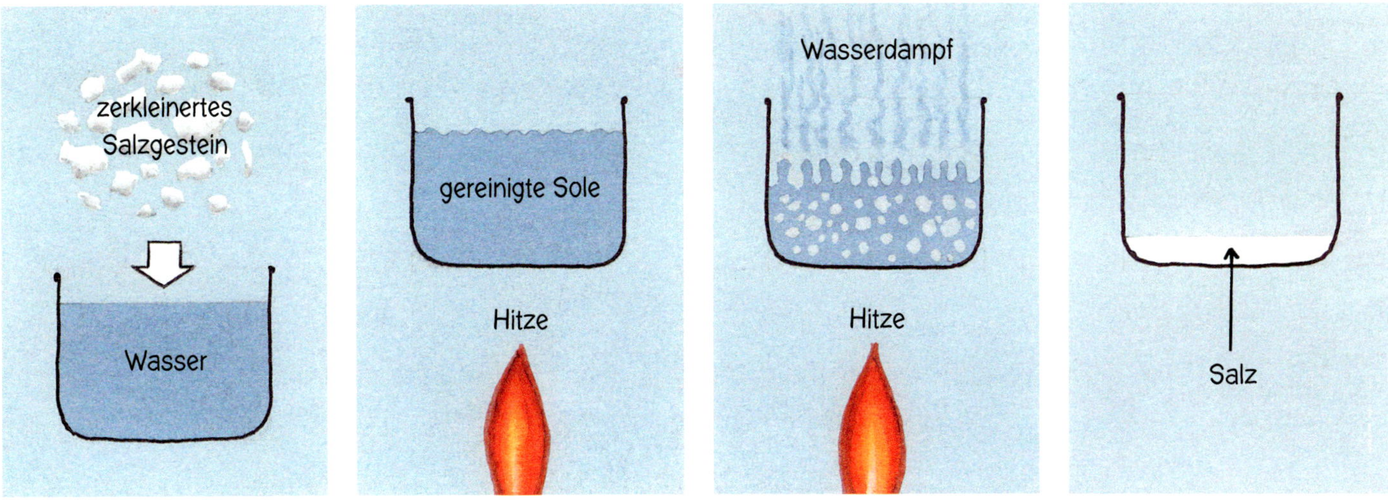

Wenn ein unterirdischer Wasserlauf durch einen Salzstock fließt, tritt an der Quelle Salzwasser, Lauge oder Sole genannt, heraus. Ein Bad in solch einer Solquelle ist sehr gesund. Die Sole wird erhitzt, bis das Wasser verdampft ist. Zurück bleibt das Solsalz. Auch aus Meerwasser lässt sich Salz gewinnen. Man leitet das Salzwasser in flache Becken, die Salzgärten. Die Sonne verdunstet das Wasser, und zurück bleibt das Meersalz. Wenn das Salz getrocknet ist, wird es zerkleinert und abgepackt. Nun kann es weiterverwendet werden. Man braucht Salz für die Herstellung von Glas, Farben, Seife, Papier und vielen anderen Dingen.

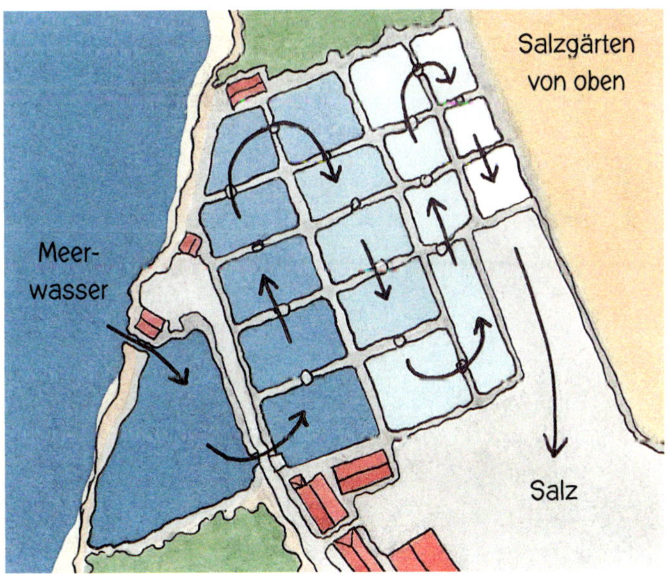

Salz ist für Menschen und Tiere lebensnotwendig. Wenn man weint oder schwitzt, verliert der Körper Salz. Tränen und Schweiß sind salzig! Wenn wir überhaupt kein Salz zu uns nehmen, können wir krank werden. Zugegeben, reines Salz schmeckt furchtbar, und zu viel Salz ist natürlich auch ungesund. Aber was wären Pommes frites ohne Salz?

TRINK
BLUBBER
COLA
FLACHGLAS KG
FLACHGLAS KG
GLASHÜTTE
BÜRO
PFÖRTNER
TV
KUNST
GLASBLÄSEREI

BLUBBER ZENTRALE
BLUBBER COLA
GLÜHLAMPEN-GmbH
TV RÖHREN AG
GLASHÄUSER ALLER ART
Optische Werke
GETRÄNKE MARKT
GLASEREI
SUPERMARKT
STRANDBAR
HEUTE SAFT
zum BUDDELSCHIFF
GLAS SCHLEIFEREI
SAFT BAR
ALTGLAS
Optiker
AUTOGLAS
COLA-SCHNELLDIENST

Glas → Flasche

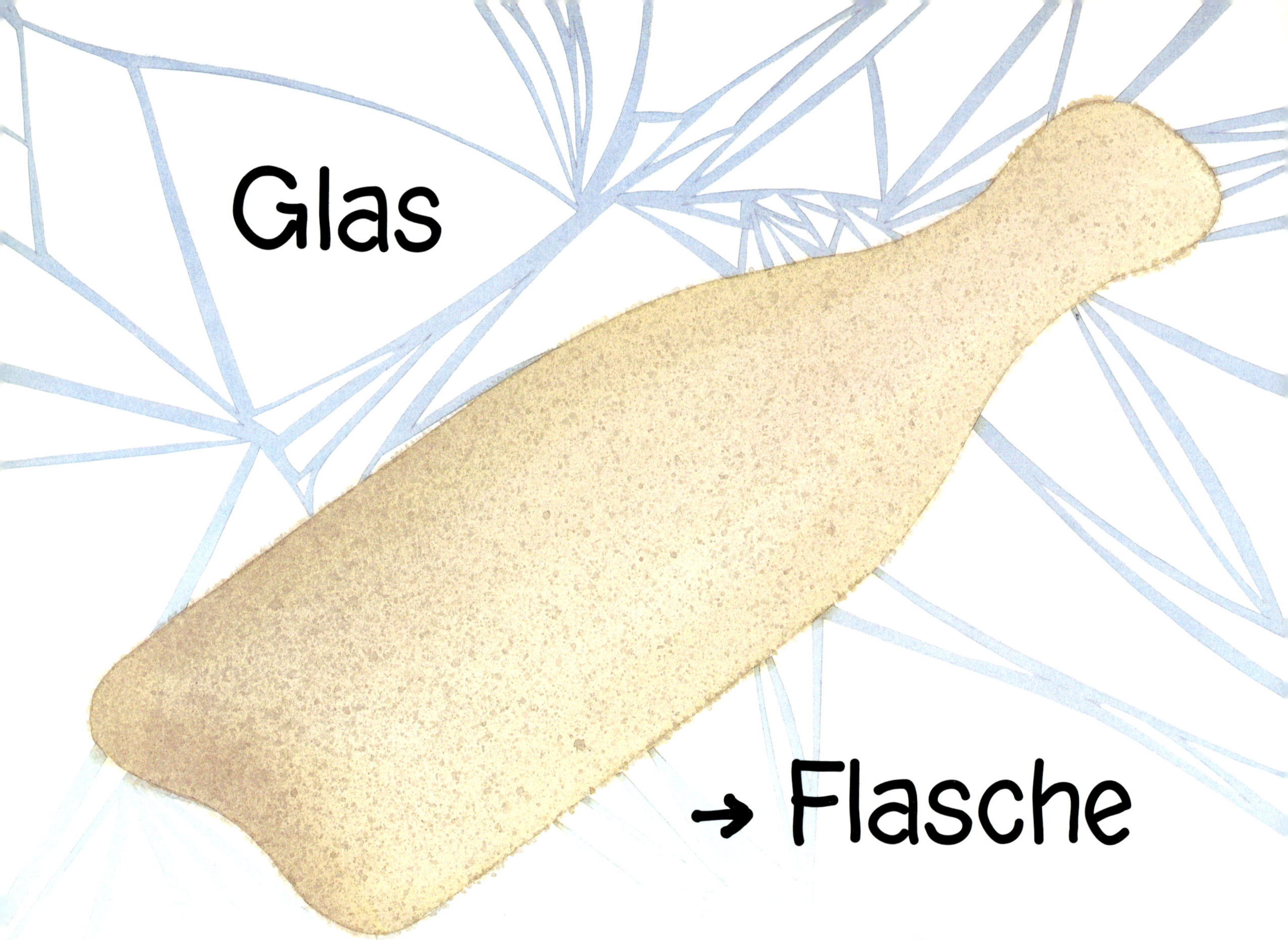

Limoflaschen bestehen fast nur aus Sand, denn Glas ist sozusagen geschmolzener und wieder erstarrter Sand. Auf dem Küchenherd lässt sich allerdings kein Sand zu Glas schmelzen. Dazu sind sehr, sehr hohe Temperaturen nötig: 1500 °C und mehr! Die Fabriken, in denen Glas geschmolzen wird, heißen Glashütten. Die Glasmacher nehmen nicht irgendwelchen Sand. Nur feiner, reiner, weißer Quarzsand wird verarbeitet. Oft liegen die Glashütten dort, wo es guten Quarzsand gibt.
Damit der Sand richtig schmilzt und das Glas schön durchsichtig wird, mischen die Hüttenwerker Soda und Kalk unter den Sand. Durch Hinzufügen von bestimmten Metallerzen erhält man farbiges Glas, wenn man möchte. Zum Beispiel färbt Gold das Glas rot und Chrom grün. Dieses Gemisch wird nun zusammen mit Glasscherben in großen Schmelzöfen erhitzt, bis es bei etwa 1500 °C zu einer Flüssigkeit zusammenschmilzt. Während das flüssige Glas wieder abkühlt, wird es langsam immer zäher. Bei 1200 °C ist die Schmelze etwa so zähflüssig wie Honig. Das Glas ist immer noch glühend heiß, aber jetzt ist es am besten weiterzuverarbeiten.

Die Glasmacherpfeife

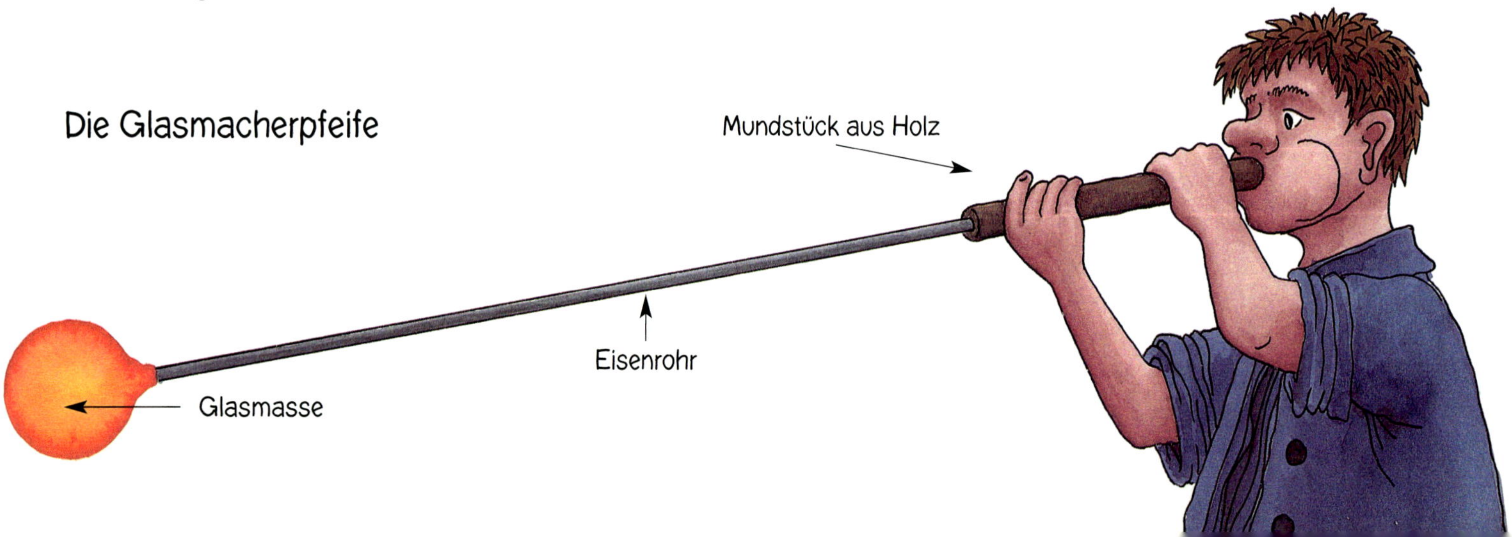

So funktioniert eine Flaschenblasmaschine:

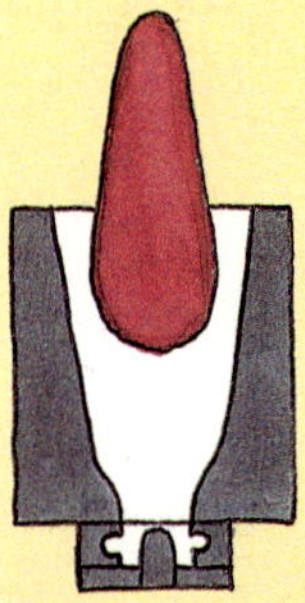

Ein Glastropfen fällt flüssig in eine Vorform.

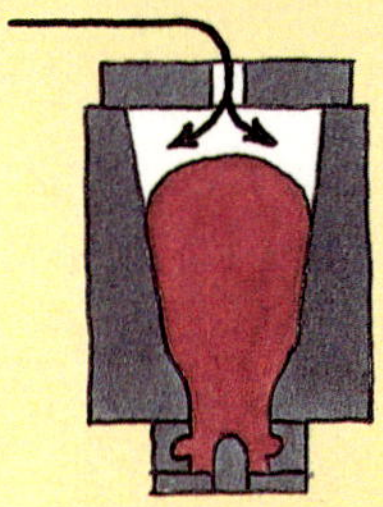

Druckluft drückt die Masse fest nach unten. Die Mündung der Flasche entsteht.

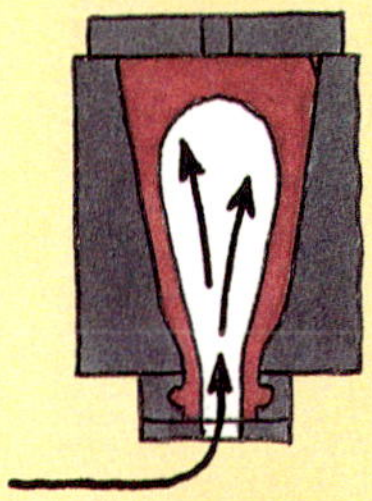

Jetzt wird Luft von unten in die Glasmasse gepresst, bis das Glas die Vorform ausfüllt.

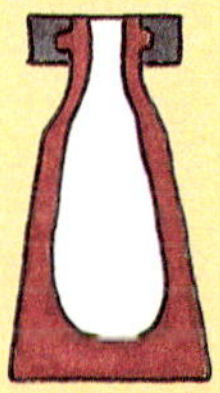

Dann wird die Vorform entfernt: Eine kleine Flasche ist entstanden, aber mit ganz dicken Wänden.

Diese Vorflasche kommt noch heiß in die Form für die endgültige Flasche.

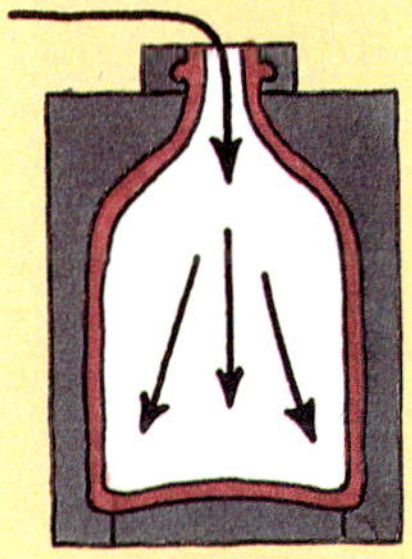

Mit Druckluft wird die Vorflasche zur Flasche aufgeblasen.

Das Glas ist fest geworden, die Form wird entfernt. Die Flasche ist fertig!

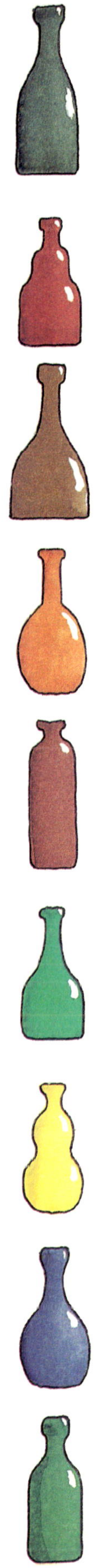

Aus der Glasschmelze kann man Glasscheiben machen, Teller, Gläser und vieles mehr. Zuerst werden dünne Glasfasern aus dem zähen Brei herausgezogen. Die Glasmasse lässt sich in Formen gießen, aufblasen wie Kaugummi und zu Glühbirnen, Fieberthermometern, Christbaumkugeln oder Flaschen formen. Früher wurden diese Gegenstände einzeln von Glasbläsern mit Hilfe langer Eisenrohre geblasen. Heute machen das Maschinen. Abgekühltes, fertiges Glas kann zu Linsen für Ferngläser, Mikroskope oder Brillen geschliffen werden.

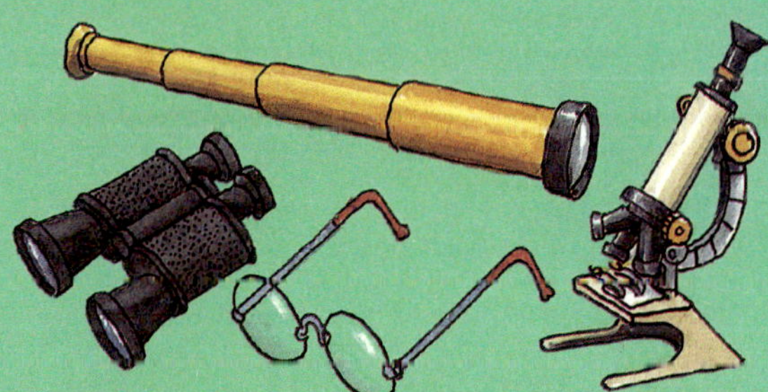

Glas ist zwar sehr hart, aber auch spröde und zerbrechlich. Zum Glück lassen sich aber die Scherben wieder einschmelzen und auch Sand für neues Glas gibt es massenhaft. Die Menschen verbrauchen nämlich Unmengen von Glas. Denkt nur an all die vielen, vielen Flaschen allein für Limonade!

FORSTEREI
BAUMSCHULE
PAPIER FABRIK
ALT-PAPIER

PAPPE
PAPPEN ZENTRALE
VERLAG
KONTOR
BÜRO
BUCH-BINDEREI
BÜCHER
NEU! ZWEITBUCH
Schreibwaren
Druckerei
COMIC BÖRSE HEUTE
ALTPAPIER
LUMPEN
Café
COPY SHOP
DEPOT
KIOSK ZEITSCHRIFTEN

Papier → Comic

Comic-Hefte sind aus Papier, das weiß jeder. Aber wo kommt das Papier her? Aus dem Wald, denn Papier besteht hauptsächlich aus Holz! Die Bäume werden gefällt und in die Papierfabrik befördert. Entweder mit Lastwagen oder, zu Flößen zusammengebunden, auf dem Wasser.

Die Papiermaschine

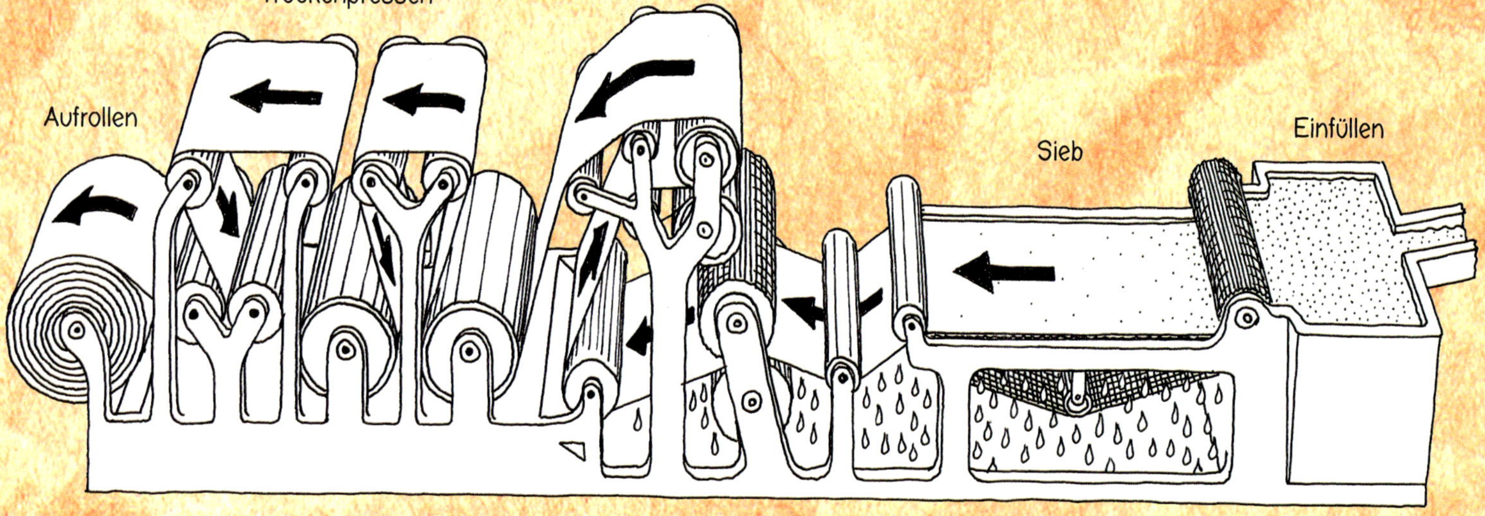

Die Papiermühle zerraspelt die Stämme so klein es geht. Die Holzschnitzel werden in Wasser und speziellen Chemikalien gekocht, bis sie zu kleinsten Fasern zerfallen. Nicht nur Holz, auch Getreidestroh und manche Gräser können zu Pflanzenfasern verarbeitet werden, aus denen man Papier macht. Aus alten Lumpen lassen sich prima Papierfasern herstellen, sofern der Stoff aus Pflanzen gemacht ist und nicht aus Wolle. Oder man löst Altpapier wieder auf und benutzt die Fasern noch einmal, denn aus diesen feinsten Pflanzenfasern, dem Zellstoff, wird Papier gemacht. Für schneeweißes Papier müssen die Fasern noch gebleicht werden, bevor sie wieder in Wasser eingeweicht werden.

Von diesem Faserbrei schöpft man eine dünne Schicht auf ein feines Sieb. Beim Trocknen verfilzen die Fasern miteinander und pappen zu einem dünnen Fladen zusammen. Den hebt man vorsichtig vom Sieb, lässt ihn völlig trocknen und erhält einen Bogen Papier. Wenn man dem Einweichwasser etwas Leim zugibt, wird das Papier noch fester. Früher wurde jedes Blatt so von Hand gemacht. Heute gibt es Maschinen dafür.

In die Papiermaschine läuft auf der einen Seite der Faserbrei hinein, auf der anderen Seite wird das fertige Papier auf große Rollen gewickelt. Es gibt verschiedene Papiersorten: ganz dünnes Luftpostpapier, normales für Bücher oder schweren Zeichenkarton und dicke Pappe.

Papier ist ein vielseitiger Werkstoff. Man kann es färben und bedrucken, falten und kleben, zu Eierpappen formen und, nachdem es wasserfest beschichtet wurde, sogar Milchtüten daraus machen. Oder Comic-Hefte!

In der Druckerei wird das Comic-Heftpapier von der großen Rolle in kleinere Bögen zerteilt und mit den Comics bedruckt, die sich der Comic-Zeichner ausgedacht hat. Die bedruckten Bögen werden zu einzelnen Seiten oder Doppelseiten zerschnitten, die in der Buchbinderei mit einem Umschlag zum Heft zusammengebunden, zusammengeklammert oder -geklebt werden. Fertig ist das Comic-Heft!

Schäferei
Tor zu!
MOD 3
MOD 1
KNEIPE
RÄUCHEREI
WOLLE

WOLLKÄMMEREI
Nördliche Wollspinnerei GmbH
Büro
RUCK-ZUCK STRICKMASCHINEN
RUCK ZUCK
EINFAHRT
TEPPICHLAGER
TEPPICHLAGER
Der WOLL-LADEN
MODE
MODE
Alpaka
KAMELHAAR
XXL
Café
KURZWAREN
HEUTE: Wett-häkeln 14.00
STRICK-ER-EI
MiederMeier
Miederwaren M. Meier
Angora warm und weich
WOLLE

Wolle → Pullover

Pullover und viele andere warme Kleidungsstücke sind aus Wolle und Wolle sind Haare von Tieren. Am Ende der kalten Jahreszeit, wenn die Tiere ohne dichtes Fellkleid nicht mehr frieren und bevor sie ihr molliges Winterfell von alleine verlieren, kann man den Tieren die Haare abscheren.

Die meiste Wolle stammt von Schafen, aber auch langhaarige Ziegen, Kamele und Kaninchen werden in manchen Ländern der Wolle wegen gehalten. Besonders gute Wolle liefern Lamas und Alpakas. Diese Kameltiere leben in Südamerika und haben extrem dichtes und feines Fell. Je länger und feiner die Haare sind, umso besser. Sogar die Haare von wuscheligen, langhaarigen Hunden lassen sich zu Wolle verarbeiten. Eine Pudelmütze aus Pudelhaaren, das wäre doch was!

Um aus Tierhaaren Wolle und daraus Kleidung machen zu können, müssen die Haare zu Wollfäden gesponnen werden. In großen Säcken kommt die Rohwolle in der Wollkämmerei an. Dort werden die Haare gewaschen, entfilzt und gekämmt. Jetzt kann die Wolle versponnen werden.

Beim Spinnen werden die losen Haare zu einem Faden zusammengezwirbelt und -gedreht. Das wurde jahrtausendelang mit den Händen gemacht, entweder nur mit einer Spindel oder mit dem Spinnrad.

Eine moderne Spinnerei arbeitet mit Maschinen – das geht natürlich viel schneller. Der fertige Faden wird nach Wunsch gefärbt und auf Spulen oder zu Knäueln gewickelt.

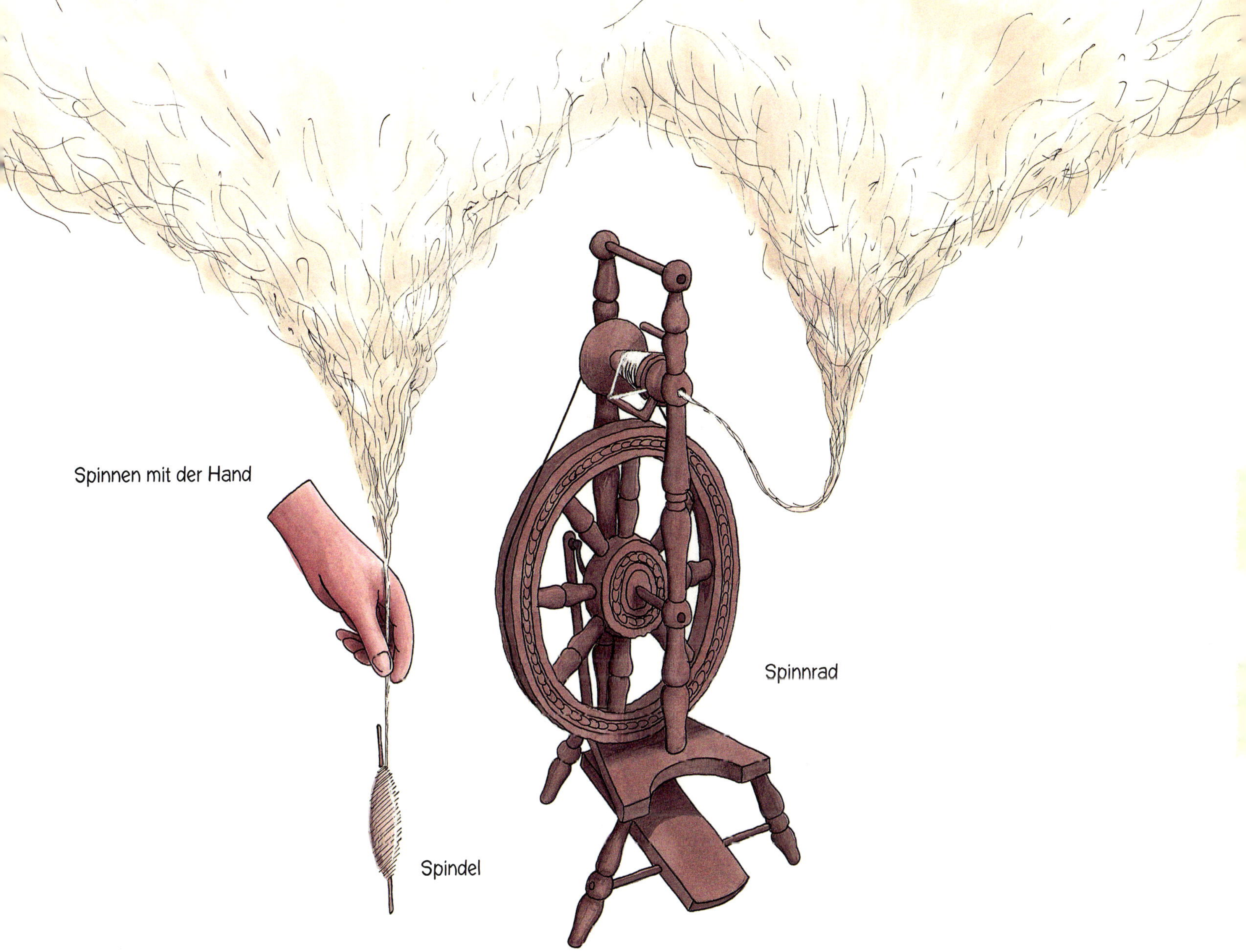

Die Wollfäden lassen sich zu Wollstoffen und dicken Wolldecken weben oder zu Teppichen knüpfen. Mit Stricknadeln oder Strickmaschinen kann man den Faden kunstvoll verschlingen und viele nützliche Sachen stricken. Zum Beispiel Pudelmützen, Socken, lange Schals, Handschuhe, Puppenkleider und natürlich Pullover. Wollsachen halten den Körper warm, wenn es kalt ist – genauso, wie die Haare die Tiere warm gehalten haben, von denen die Wolle stammt. Und was schützt besser vor Kälte als ein schöner, dicker, warmer Pullover?

SNACK BAR
OFFICE
OIL & CO.

OLEO GLANE
PLASTIK-TÜTEN ZENTRALE
TÜTEN HIER
KUNSTSTOFF GmbH&Co
OLEO
MONSTER WERKE
MW
EINGANG
TANKEN
HAUSHALTSWAREN
unzerbrechlich!
SPIEL-WAREN
HEUTE Flohmarkt
PLASTIK-WEIHNACHTSBÄUME
PRIMA MONSTER
JETZT SO GÜNSTIG!
Alles echt PLASTIK!

Erdöl → Kunststoff → Monster

Monsterfiguren werden natürlich nicht aus Monstern gemacht. Gibt es überhaupt echte Monster? Monsterfiguren sind aus Plastik und das macht man aus Erdöl.

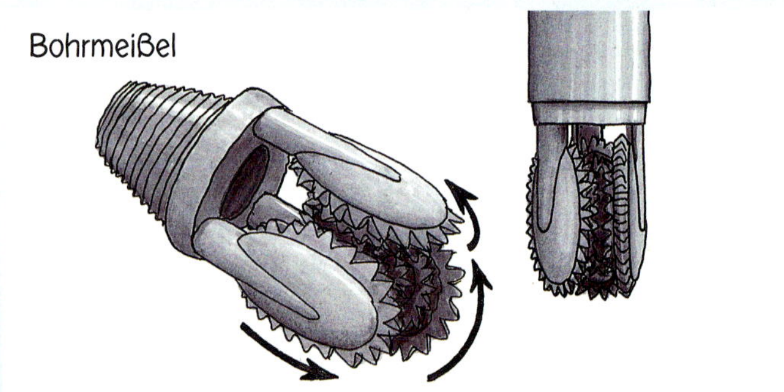

Das Erdöl ist im Laufe von Jahrmillionen unter der Erde aus den Resten von längst abgestorbenen Pflanzen und Tieren entstanden. Manchmal kommt es als schwarze, klebrige Masse in einer natürlichen Ölquelle aus der Erde. Meistens muss man aber die natürlichen Erdöllager an Land und auch unter dem Meeresboden mühsam aufspüren. Ein Bohrturm wird errichtet und der Bohrmeißel frisst sich in die Tiefe. Viele Bohrungen sind vergebens. Haben die Ölbohrer aber eine unterirdische Ölansammlung getroffen, sind sie also fündig geworden, kann die Förderung des Öls beginnen.

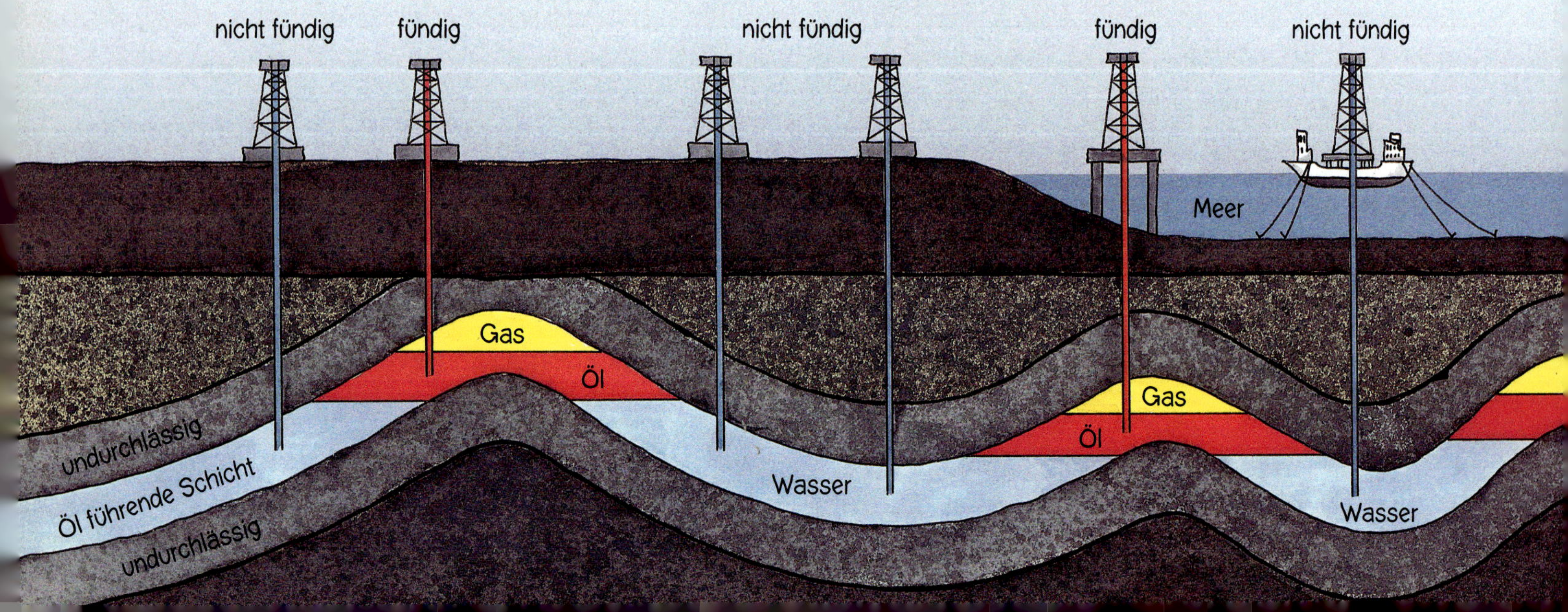

Wenn man Glück hat, kommt das Öl von alleine nach oben. Wenn nicht, müssen Pumpen helfen.

Das geförderte Rohöl fließt durch Rohrleitungen, die Pipelines, in Rohöllager und von dort in die Bäuche der riesigen Öltanker, die es dahin bringen, wo es weiterverarbeitet wird. Erdöl, das »schwarze Gold« genannt, ist ein sehr wertvoller Rohstoff.

In besonderen Fabrikanlagen, den Raffinerien, wird das Rohöl in seine verschiedenen Bestandteile zerlegt: in leichtes, brennbares Gas zum Kochen und Heizen, in Benzin für Autos und Flugzeuge, in Lösungsmittel für Farben und Lacke, in Heizöl, Schmieröle und in Grundstoffe für Straßenasphalt und Dachpappe. Außerdem gewinnt man aus Erdöl Medikamente, Kunstdünger, Kosmetika und Waschmittel. Und eben massenhaft Plastik und Kunststoffe aller Art.

Plastik lässt sich formen und gießen, weich oder hart machen, färben und bedrucken. Plastik ist luftdicht, wasserfest und hält ziemlich lange. Man kann dünnste Folien daraus machen und feinste Fasern, aber auch ganze Schiffe und Flugzeuge. Kunststoffe sind heutzutage überall in Gebrauch. Einige Fabriken stellen daraus so nützliche Sachen wie Wäscheklammern, Knöpfe oder Gießkannen her, andere machen daraus Spielzeug: Puppen, Tiere, Autos und tatsächlich auch Monsterfiguren. Und das geht so: Flüssige Plastikmasse wird in eine Hohlform gegossen. Wenn die Masse fest geworden ist, kann die Form entfernt werden. Zum Vorschein kommt – zum Beispiel ein grässliches Monster, glücklicherweise nur aus Plastik!

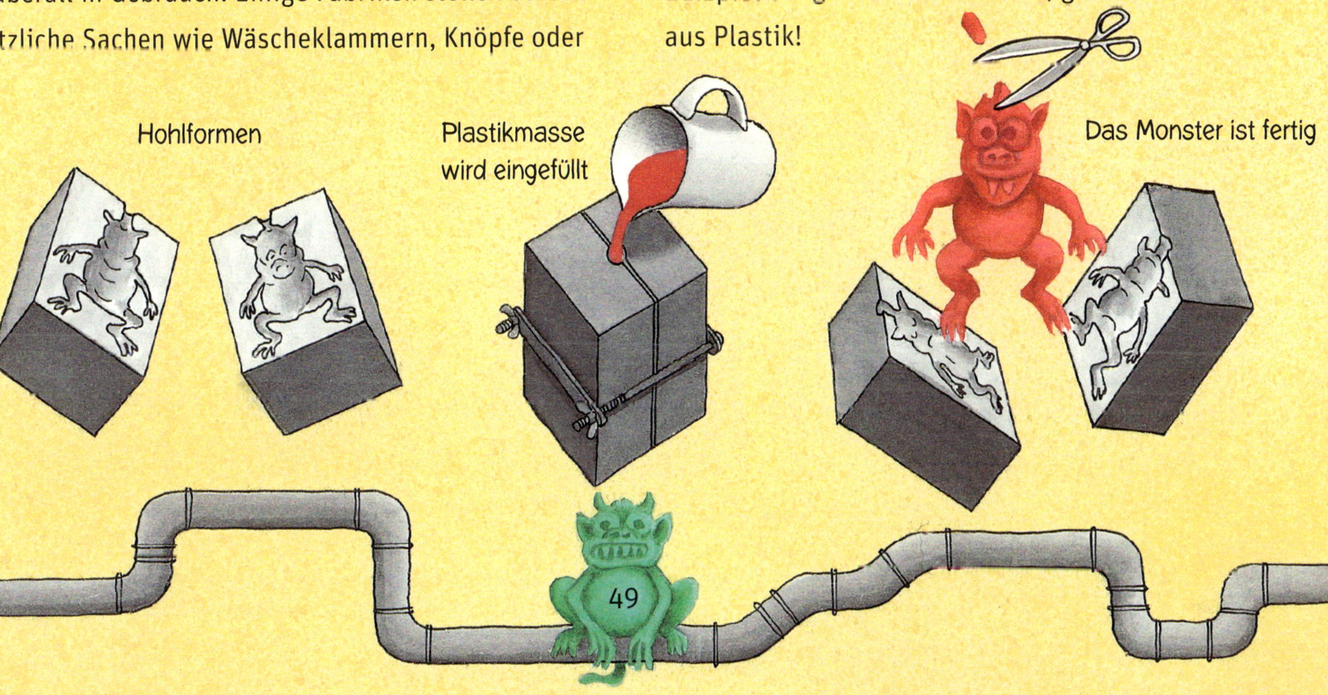

KÜHLHAUS AG
Gerberei
FROST
FROST
Schlachthof
CASINO
UWE

1.FC FORTUNA
KOFFER & CO
TOR 1
USCHI
Sattlerei
L
LEDERWAREN
SCHUHFABRIK
LOTTO-TOTO
SO 14.00 1.FC FORTUNA gegen EINTRACHT BORUSSIA
ERGEBNISSE
FUß-BALL-WETTE
SCHUHE
SCHUHE
PRIMA Schuhcreme
LEDER-PFLEGE TEL. 73459
PRIMA Schuhcreme
alles für den MOTORRADFAHRER
LEDERKLEIDUNG
SPORT

Leder → Fußball

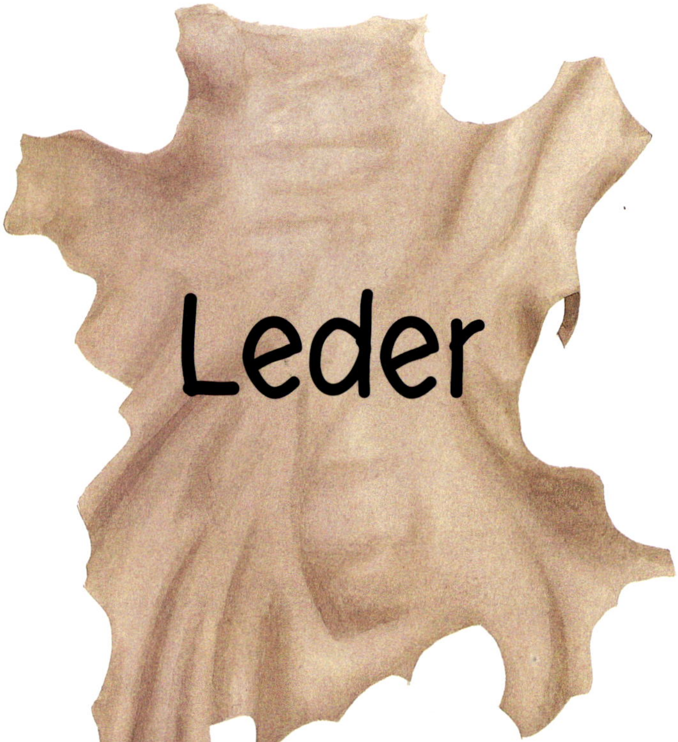

Fußbälle wachsen nicht auf Fußballfeldern, so viel ist klar! Fußbälle werden aus Lederstücken zusammengenäht. Leder macht man aus den Häuten von Tieren, hauptsächlich von Rindern, Schweinen und Ziegen. Aber auch die Häute von Reptilien und Vögeln lassen sich zu Leder verarbeiten. Für Fußbälle ist Rindsleder das beste. Dafür müssen die Tiere allerdings geschlachtet werden, aber wenn man Fleisch und Wurst essen und Leder haben möchte, kommt man um den Schlachthof nicht herum. Das Fleisch wandert ins Kühlhaus, die Häute in die Gerberei.

In der Gerberei weichen die Häute zuerst in einem Chemikalienbad ein, bis Haare und Fleisch- und Fettreste abgeschabt werden können. Übrig bleibt die Lederhaut. Damit sie nicht verrottet oder reißt, muss die Haut gegerbt werden.

Natürliche Gerbstoffe gewinnen die Gerber aus einigen Pflanzen, beispielsweise Eichen und Nussbäumen. Es gibt aber auch künstliche Gerbchemikalien. In solch einen Gerbsud kommen die Lederhäute für eine Weile. Nach dem Gerben ist haltbares Leder daraus geworden.

Das Leder wird gut ausgespült und auf Rahmen gespannt. Nach dem Trocknen ist es fertig. Aus Leder können außer Schuhen noch die verschiedensten Dinge hergestellt werden: Kleidungsstücke wie Lederhosen und Motorradanzüge zum Beispiel, Gürtel und Taschen, Sättel und Koffer, Geldbörsen und Fußbälle.

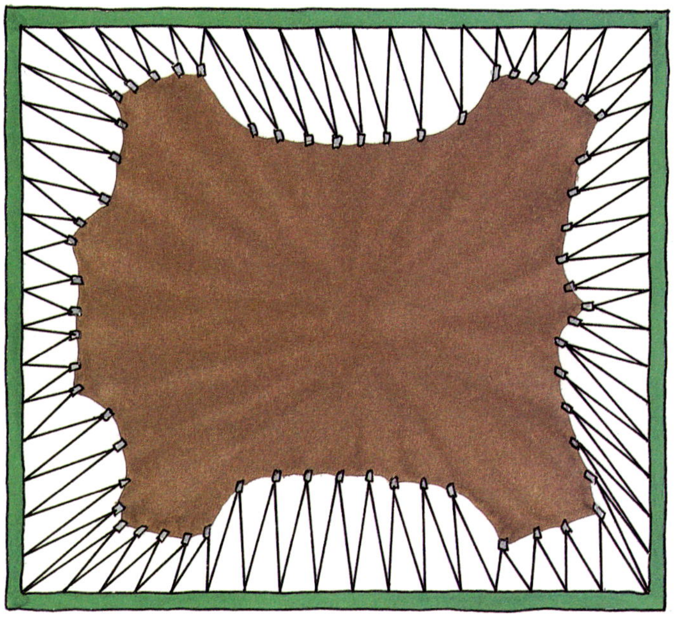

Ein Fußball besteht aus mehreren Teilen. Die zugeschnittenen Lederstücke werden an den Rändern zusammengenäht. Wenn die Kugel fast geschlossen ist, stülpt man das Innere nach außen und zwängt die Gummiblase hinein. Diese Blase ist eine Art fester Luftballon, in den später die Luft gepumpt wird, denn Leder ist zwar ziemlich wasserdicht, aber Luft kann es nicht halten. Eins der Lederstücke bekommt ein Loch für das Ventil. Sitzt die Blase richtig drin, wird der letzte Spalt der Ballhülle von außen zugenäht. Nun kann man den Ball aufpumpen, bis er prall und rund ist.

Man kann auf verschiedene Arten eine Kugel aus Lederstückchen formen.
Hier zwei Beispiele:

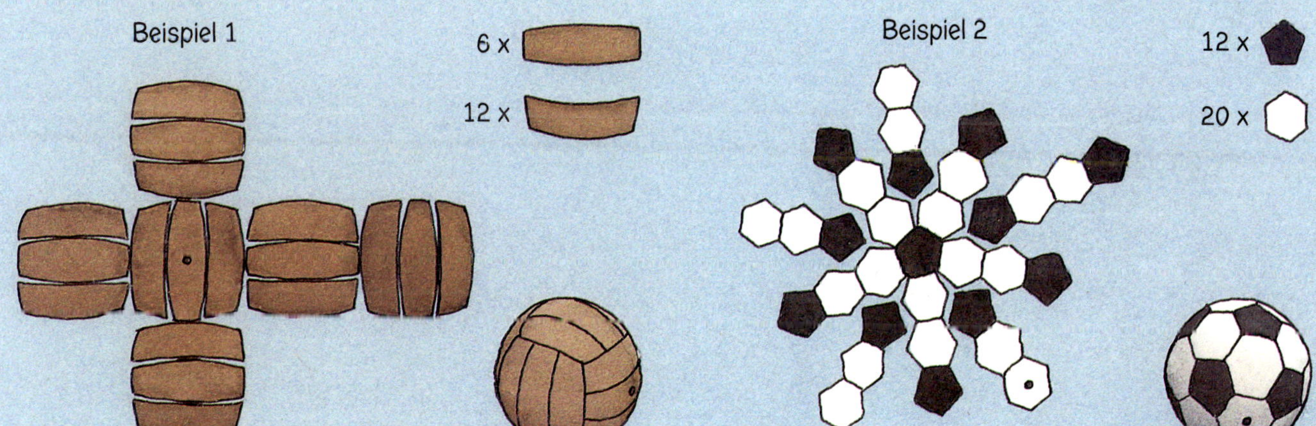

Eigentlich könnte das Spiel nun beginnen, aber bei feuchtem Rasen würde sich das Leder schnell voll Wasser saugen und den Ball nass und schwer machen. Deshalb bekommt er zum Schluss noch einen Plastiküberzug, nach Wunsch gefärbt. Jetzt kann es endlich losgehen!

COTTON CLUB
DOUANO
POLICE

JEANS
SPINNEREI AG
TEXTIL
WEBEREI
NÖRDLICHE WATTEWERKE
KURZWAREN
NÄH-STUDIO
SCHNEIDEREI BÖCK
HEUTE MODEN-SCHAU
TEXTILHAUS
Jeansshop
JEANS SHOP
Der Stoffladen

Baumwolle → Jeans

Jeanshosen näht man aus Stoff – genauer gesagt aus Baumwollstoff. Die Baumwolle stammt von einer buschartigen Pflanze, die in wärmeren Ländern wächst. Die Samen dieses Baumwollstrauches haben lange Fasern, aus denen sich Jeanshosenstoff machen lässt.

Wenn die Blüte der Baumwollpflanze verblüht ist, platzen die Samenkapseln auf und die Samenfäden quellen heraus. Wie kleine Wattebäusche sehen die Kapseln aus, die jetzt geerntet werden können.

Baumwollerntemaschine

Das Pflücken von Hand ist eine mühselige Angelegenheit, aber findige Tüftler haben dafür eine Maschine erfunden. Nach der Ernte kommen die Faserbällchen in eine andere Maschine, welche die Fasern von den Samen trennt. Zum Verschiffen werden die Fasern zu großen Ballen zusammengepresst. So kommt die Baumwolle bei uns an.

Ein kleiner Teil der Baumwolle wird zu Watte verarbeitet, das meiste jedoch zu Garn versponnen. In der Spinnerei zwirbeln und drehen Spinnmaschinen die losen Fasern zu langen Fäden zusammen und spulen das fertige Garn auf. Aus diesem Garn weben große Webstühle in der Weberei lange Stoffbahnen. Möchte man farbigen Stoff haben, färbt man entweder die Fäden vor dem Weben oder das fertige Gewebe.

So arbeitet ein Webstuhl

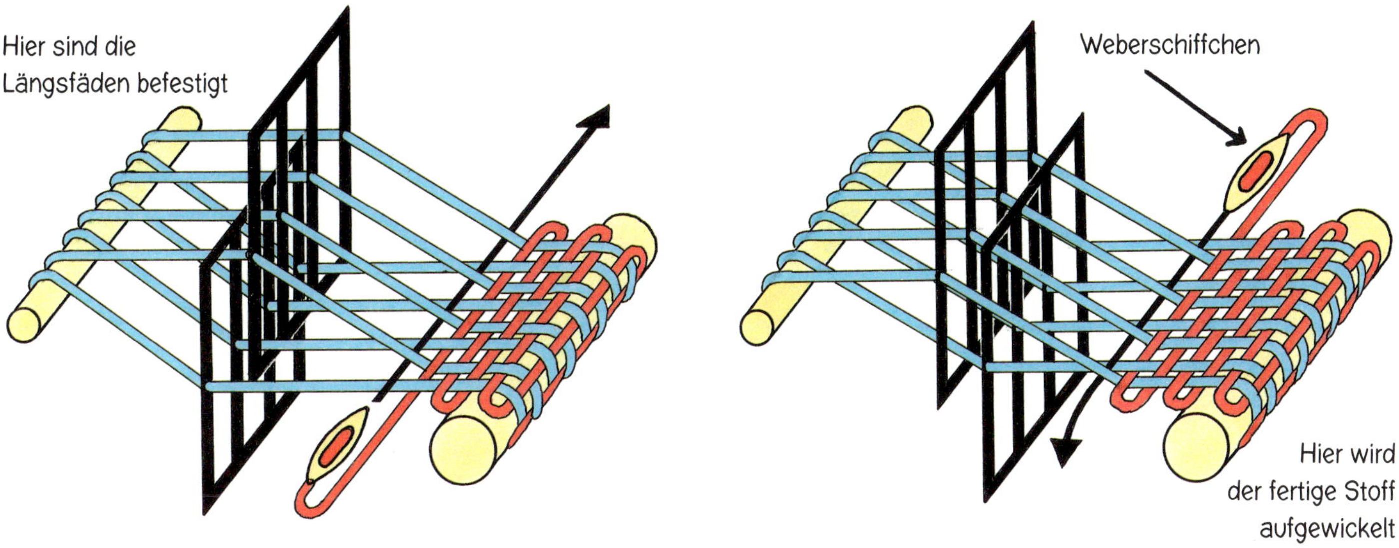

Die Teile einer Jeanshose

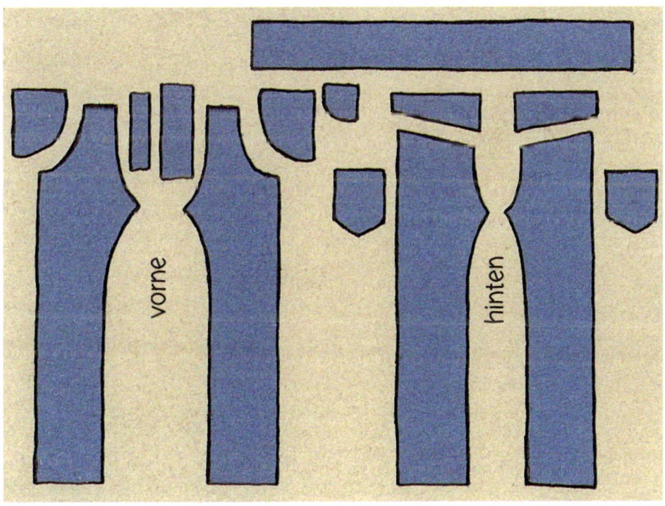

Aus den Stoffen lassen sich jetzt viele nützliche Sachen zum Anziehen schneidern und nähen: zum Beispiel Röcke, Tücher, Hemden und – Jeanshosen. Der Baumwollstoff wird zurechtgeschnitten und aus mehreren Stoffstücken wird dann mit einem Faden die Jeanshose zusammengenäht.

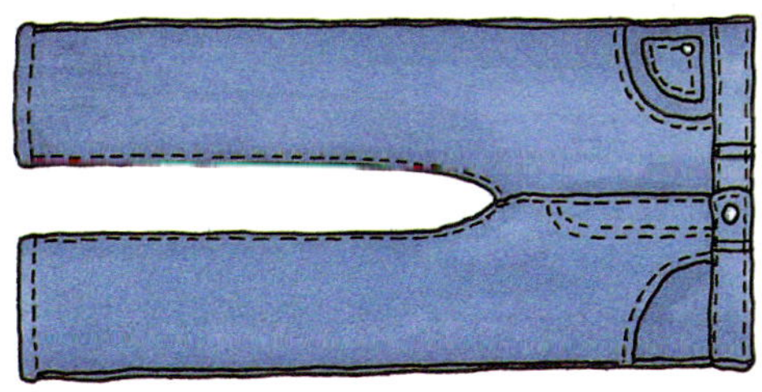

Aber auch für andere Textilien ist Stoff aus Baumwollfasern gut geeignet. Textilien nennt man übrigens alles, was aus faserigem Gewebe besteht, etwa Bettwäsche, Verbandsmaterial, Einkaufsbeutel und Flaggen. Sogar Piratenflaggen. Könnte ja sein, man braucht mal dringend eine Piratenflagge ...

JAM JAM
KAUGUMMIWERKE
JAM JAM
STADTHALLE
GROßES KAUGUMMI WETTKAUEN
CASINO
KAU JAM JAM GUMMI
TABAK
MARKT
AUTOMATEN AUFSTELLER
HAFENMEISTEREI
SÜßWAREN
JAM JAM
CHICLE
CHICLE
CHICLE

Pflanzensaft ↓ Kaugummi

Kaugummi stammt vom Sapotill- oder Breiapfelbaum aus den Regenwäldern Mittelamerikas. Nun sind Kaugummikugeln nicht die Früchte und Kaugummistreifen nicht die Blätter dieses Baumes! Kaugummi wird aus dem milchigen Baumsaft gemacht. Schon die Ureinwohner Mittelamerikas kauten auf eingetrockneten Pflanzensäften herum.

Um an den Milchsaft, Chicle genannt, heranzukommen, ritzen die Chicleros, so heißen die Chiclesammler, die Rinde des Stammes mehrfach ein und fangen die herausquellende weiße Flüssigkeit auf. Alle drei Jahre kann ein ausgewachsener Breiapfelbaum angezapft werden.

Den gesammelten Baumsaft kochen die Sammler unter ständigem Rühren, bis er dick und zäh wird und sich zu handlichen Blöcken formen lässt. Nach dem Trocknen sind die Blöcke braun und hart. So geht der Kaugummirohstoff Chicle auf die Reise in die Kaugummifabrik.

Dort angekommen werden die Blöcke zuerst einmal zerkleinert und noch stärker getrocknet. Anschließend wandern die hellbraunen Krümel in einen Schmelztiegel. Letzte kleine Schmutzteilchen werden abgeschöpft und herausgefiltert. Übrig bleibt ein rosiger Brei. Dieser Brei kommt in große Mischgefäße. Langsam und vorsichtig rühren die Arbeiter mit Mixgeräten die Geschmackszutaten wie Zucker, Vanille oder Pfefferminze dazu.
Die entstandene teigartige Masse wird gut durchgeknetet. Jetzt kann man sie dünn auswalzen und in Streifen schneiden oder Kugeln und Figuren daraus formen. Ein Teil der Kaugummistreifen bekommt vor dem Verpacken noch etwas Puderzucker aufgestäubt. Kugeln und Figuren erhalten eine Zuckerglasur. Nun ist das Kaugummi fertig und kann verkauft werden.

Kaugummi gibt es praktisch überall zu kaufen, sogar aus Automaten. Kaugummikauen macht Spaß, entspannt, stärkt die Kaumuskeln und ist – ohne Zucker – sogar gut für die Zähne. Und außerdem lassen sich so schöne, große Blasen damit machen ...

Uwe Klindworth,
geboren 1957 in Hamburg, besuchte die Fachhochschule für Gestaltung in Hamburg. Heute lebt er auf einem ehemaligen Bauernhof bei Wildeshausen im Oldenburger Land und arbeitet als freier Illustrator und Autor für verschiedene Verlage.

Uwe Klindworth
Milch kommt aus der Tüte und Jeans wachsen auf Feldern
Der große Sammelband über Dinge, die wir täglich brauchen

Bibliografische Information der Deutschen Nationalbibliothek
Die Deutsche Nationalbibliothek verzeichnet diese Publikation in der Deutschen Nationalbibliografie; detaillierte bibliografische Daten sind im Internet über http://dnb.d-nb.de abrufbar.

Dieser Sammelband umfasst die Einzelbände:

Milch kommt aus der Tüte, oder?

Wachsen Jeans vielleicht auf Feldern?

Printed in Poland
ISBN 978-3-7941-9169-7
www.sauerlaender.de